JN063983

Okinawa Nostalgic Town

オキナワノスタルジックタウン

ぎすじみち　写真・文

ボーダーインク

ノスタルジックタウンに誘われて。

どっしりとその場所で長年街の移り変わりを見てきた。

たくさんのドラマが交差したであろう、入口の向こうに想いをはせる。

サロン　いつか
サロン　夜光花
サロン　牝猫
サロン　なじみ

はじめに

2022年、沖縄の風景もすっかり様変わ
りしてしまった。幼少時を過ごした
1970〜80年代には、その頃でも古めか
しい看板やお店がまだ多く存在してい
たが、2000年代頃から急激な開発が進
み、古い建物はなくなって高層マン
ションやホテルが軒並み増えていっ
た。当たり前の風景がいつかは消えて
しまうことを意識したのは、そんな20
代後半の頃だったと思う。更地になっ
た途端、そこに何が建っていたか思い
出せなくなり記憶とはなんと儚いもの
よ…と我ながら愕然とする。ならばせ
めて写真に記録して記憶を繋いで共有
したいと思った。

しかし実際はそんな壮大な計画ではな
く、ただただ好きな懐かしい看板風景
やお店の佇まいをコレクションして
「この書き文字いいよな〜」とニヤニ
ヤ味わいたいだけなのかもしれない。

この本を手にされたということは、きっ
と貴方もこの気持ちを共感してくださ
るはず。

日頃はデザインを生業としている私
が、日常的に撮りためてきた沖縄各地
の看板や建物の風景を（独断と偏見で
選び）紹介していく。そんな「ノスタ
ルジックタウン」の風景へようこそ。

Contents

WELCOME to Nostalgic Okinawa
～なつかしさを感じる風景～

第一章　那覇編

第二章　中部編

第三章　北部編

第四章　南部・離島編

第五章　素敵な看板の世界

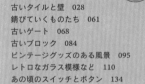

【凡例】
本書に収録された写真は1990年代から2022年に撮影されており、現存しない建造物の写真も含まれる。
撮影年が判明している写真については文中に記載した。プライバシー保護の観点から一部画像を加工した
ものもある。

カバー写真:宮城商店（沖縄市）、「はじめに」写真:那覇タワー（那覇市）
目次写真:「美容室あと」のビル（嘉手納町）、首里劇場（那覇市）

WELCOME to

Nostalgic Okinawa

〜なつかしさを感じる風景〜

長年愛され続けたさまざまな業種の店舗や娯楽の場所など、生活と共に
あった懐かしい場所を紹介する。ここに登場する風景のいくつかは今で
は無くなってしまったものもあるし、看板を残したまま閉ざされた建物
も多い。世代によっては現役を知る方も多いと思うが、そうでなくても
色褪せた壁面が重ねてきた年月に想いを馳せて味わうことができる。

第一章　那覇編

ここで紹介するのは那覇の中でも主に私が生まれ育った場所
で、幼少時より身近に過ごした国際通りや市場周辺と、小中高・
大学の通学路である。

それにしても、見慣れた街の変化のスピードが早すぎて気がつ
けばお気に入りの場所が次々更地になっていく。密集した路地
裏は道が広くなり日当たりがずいぶん良くなった。数年前に
撮った那覇タワーも公設市場も今はもう取り壊されてしまった
けど、濃い時間をすごした場所は簡単には忘れられないし、写
真を見れば当時の出来事がよみがえってくる。

パラソル通り、那覇市

看板職人の達筆さを味わう市場看板

農連市場

Naha Farmer's Market

那覇市
撮影：2017年

力強い筆文字が印象的な農連市場の入口看板。今は建て替えられた「のうれんプラザ」の片隅に残っている。店舗看板に描かれたイラストも魅力的で、当時の看板職人の技を味わうことができる。店舗内の柱や壁には電話番号が書かれていたりメモがわりの走り書きも多く残っていた。

暗渠となったガーブ川に沿って連なる

水上店舗

Gabugawa Riverside Market

那覇市
撮影：2020年

市場通りから太平通りまで延々と続く水上店舗。巨大長屋のような建物の両側面には土産物や書店、衣料品など様々なジャンルの店が並び、建物の合間に出現する階段から2階に上がると、長い廊下と店が連なる。昔はビリヤード場やギャラリーを利用したこともあるし、アトリエや洋裁店もあった。あちこちに看板の名残や案内文字が残っていて見どころ盛りだくさんの建物である。

那覇のシンボルといえばこの巨大タワー

那覇タワー

Naha Tower

那覇市
撮影：2010年

上の階には床がゆっくり回ってパノラマの景色を楽しめる円
形のレストランがあり、来店の記念にメッセージを書き込め
るノートも窓辺に置かれていた。あたり前の存在だった街の
シンボルが消えてしまった時は、心にポッカリ穴があくよう
な大きな喪失感を覚えた。あの巨大建造物が取り壊された事
が今も信じられず、実はロケットのように飛び去ったのでは
と妄想している…

ちとせ商店街ビル
Chitose Building (Shopping Arcade)

那覇市
撮影：2022年

1階は商店街、2階から上は集合住宅という
造りのちとせ商店街ビルは、建物の境目が連
結してアーチ状の吹き抜けになっているのが
特徴的。そこからさす光が商店街の通路をふ
んわりと照らし、夜は一変して飲み屋の赤
ちょうちんがあちこちに灯り、昼間とはまた
雰囲気の違う賑わいを見せる。

市場のにおいがしみこんだ看板たち

第一牧志公設市場

First Makishi Public Market

那覇市牧志
撮影：2019年

旧牧志公設市場の風景の中で特に好きだったのが
お店の手書き看板。味わいある筆文字や、まだ市
外局番が2ケタだった頃の表記も懐かしい。今で
は個人情報となった自宅番号まで一緒に掲載して
いるのも大らかな時代を感じる。建て替えのため
2019年からは仮店舗に移転営業中だが、この場
所に新しい公設市場が建つ2023年が楽しみだ。

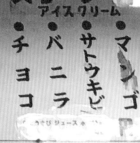

トロピカル
ドリンク

・キビ酢
・県産うなぎ 味付パックス入
・コーヒー
・ヤシの実ジュース
・ゴーヤージュース
・ヨモギジュース
・生パインジュース
・さとうきびジュース

アイスクリーム
・マンゴ
・サトウキビ
・チョコ
・バニラ

300円

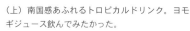

（上）南国感あふれるトロピカルドリンク。ヨモ
ギジュース飲んでみたかった。
（左上下）市場内の壁にもいろんな直書き表記が
残されていた。
（右上下）中央の吹き抜け部分から3階建ての高
い天井を見上げることができた。2階への長いエ
スカレーターも名所のひとつだった。方言や標語
が載ったミニのれんもあの頃の沖縄土産の定番。

思い出の牧志公設市場
MEMORIES OF MAKISHI MARKET

観光客や地元の人で賑わう牧志公設市場周辺が通学路の風景だった高校時代。それを横目に市場通りの雑貨屋と書店のはしごをするのが下校時の寄り道ルートだったが、12月になると「年末のワクワク感」を味わうべく、歳末セールで活気づく牧志公設市場に立ち寄り、お客で密集した店内を歩きながら年末気分を盛り上げていた。移転前に久しぶりに訪れると、床のタイルもエスカレーターの手すりも壁の色もあの頃と変わらない姿でそこにあり、懐かしい空気がよみがえってきた。

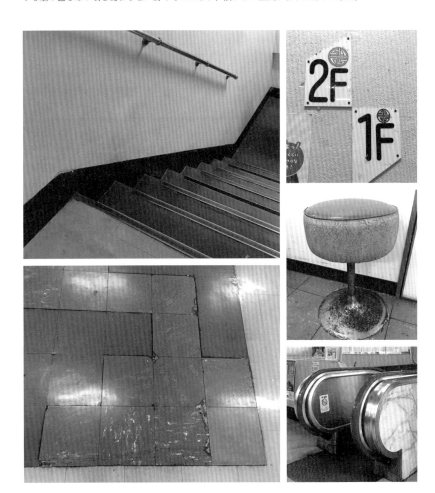

浮島通りにて、在りし日の床屋の静かな佇まい

理容ナイル

Nile Barber Shop

那覇市松尾
撮影：1990年頃

今はおしゃれショップが並ぶ浮島通りも、80年代は多くの赤瓦の木造長屋が連なっていて、掛軸店、クリーニング店、レース鳩の小屋やペットショップもあった。その中で独特の存在感を醸し出していた「理容ナイル」。白塗りのガラス窓がミステリアスで近寄りがたかったが、かなりモダンで美しい建物だったことに改めて気付かされる。

地下の片隅で静かな余生を過ごす土産物の看板たち

浮島マンションの駐車場
Basement Parking Lot

那覇市松尾
撮影：2021年

昔は国際通りで光り輝きながら観光客を呼び込んでいたであろう、その役目を終えた土産物の看板たちが地下駐車場の奥にひっそり佇んでいた。猫の切り絵も洒落ている（もしかして"ペルシャ"つながりか）。1階の駐車場も、かわいい壁紙やタイル床の痕跡が以前の余韻を残しているが、かなり広い面積の店舗だったことがうかがえる。

OLD TILES & WALL

古いタイルと壁

年季の入った建物によく見られる壁一面に張られたカラフルなタイル、床の模様、壁紙のデザインはどれも個性的でオシャレだし、なにより温かみがある。（上左）50sムードただようサムズカフェの格子模様の床。（上右）浮島マンションの1階駐車場の壁紙。こんな可愛い壁紙見た事ない。この柄のアロハシャツがほしい。（左下）金武町のスナックのタイル壁面。2種類のデザインが美しい。（下右）ホテルライカムの入口の壁のびっしりとしたタイル張りも圧巻。

理髪店の洗い場に描かれた金魚。（池間島）

国際通りの移り変わりを見てきた理容館

二見理容館

FUTAMI Barber Shop

那覇市安里
撮影：2006年

現在はさいおんスクエアが建つ、安里バス停付近にあった二見理容館。コンパクトな2階建てと太明朝体の看板文字、なんて素敵なんだろう。赤白青のフチと縦型横型のサインポールは、これでもかと床屋感を出している。店内にはレースのカーテン、ウィンドウディスプレイには植木鉢も見える。看板の余白には何か書かれていたのだろうか。

時を忘れて静かにくつろげる老舗の喫茶店

喫茶ルイ

RUI Coffee Shop

那覇市牧志

木や窓枠のメルヘンな内装が落ち着く店内で、入口ドアのプレートもノスタルジックなかわいらしさ。1階は雑貨屋でヨーロピアンな雰囲気の商品やダンスの衣装が売られていた（昔はCMもあった気がする）。以前テレビで話題になった「アイスクリームの天ぷら」もいつか試してみたいと思っている。

オアシスのような憩いの場所だった

パラソル通り
Parasol Street

那覇市牧志

青空の下でカラフルに映えていたパラソルたち。
平和通りと市場中央通りの中間で買い物休憩の客
たちが日差しを避け思い思いに過ごしている風景
をよく見かけた。2022年にやむを得ず撤去され
てしまって寂しい。安心して休憩できるオアシス
のような場所がまたいつか戻ってきてほしい。

心から落ち着く居心地のよい喫茶店

喫茶スワン

SWAN Coffee Shop

那覇市牧志

白鳥の絵のレトロな看板に惹かれて入口手前まで来た
のに、扉を開ける勇気が出せずに階段を降りてしまっ
た若かりしあの頃…。今では時々訪れてリラックスし
た時を過ごす大好きな老舗喫茶店である。スナック風
のふかふかソファー、ジュークボックス、三角に折ら
れた紙ナプキン。時々カウンターから聞こえる常連さ
んのカラオケの選曲がまた最高なのだ。

木造建築と資生堂マークの味がある組み合わせ

化粧品店モダン

MODERN Cosmetics Shop

那覇市牧志

市場の中には化粧品を扱っている店をよく見かける。大人になったらこういう場所で化粧品を買うのだと子供心に思っていた（実際は違ったが）。店名より大きく化粧品メーカーのロゴが表記された看板に木造二階建てという外観のギャップも面白く、長年常連客に愛され続けてここで商売を続けてきた、店の堂々とした貫禄を感じた。

あ の 坂 道 を の ぼ れ ば
MEMORIES OF SAKURAZAKA

白黒写真は大学の写真の授業でモノクロフィルムを使って撮影した1993年頃の桜坂。桜坂劇場の前身であるシネコン琉映と隣に薬局があった頃だ（今ではその場所に大きなホテルがそびえ立っている）。その右隣の写真は2008年の風景。桜坂の名店「おでん悦ちゃん」のエピソードはよく耳にしていて、いつか行ってみたかった。

下左も2008年。オリオンビールとペプシのロゴ、ウイスキーと本場泡盛の文字が並ぶ社交街の電飾看板に当時の桜坂の賑わいを想像する。下右はさらに年月が経ち2021年の「アミューズメントプラザエンデバー」。背後にうっすら見える巨大な「麻雀」との重なりもいい。

バタークリームケーキの美味しさ再発見

末廣製菓　工場 ☎863-1830

末廣製菓
SUEHIRO Sweets Shop

那覇市牧志
撮影：2019年

以前は倉庫か工場だったような…と思っていたら電話番号の横に「工場」の文字が。店舗もすぐ近くにあったが居酒屋として建物の外観はほぼそのままに様変わり。こちらでケーキや和菓子を販売している。窓の周りの角丸のファザードがモダンで、扇のマークと店舗名の立体文字も見事な風格をただよわせている。

―――現役でありつづける、城下町の老舗菓子屋

武村松月堂・中村製菓

Sweets Shop

那覇市首里
撮影：2020 年

首里は新旧さまざまなお菓子の店が多い。中でも長年愛されてきた2つの老舗菓子店が同じ通りに存在している。武村松月堂の筆字の直書き看板と中村製菓の立体文字。それぞれに素朴で味わい深く、地元の常連さんや観光客も多く訪れている。

テント地のひさし看板がかわいい

大衆食堂ミルク

Cheap Restaurant

那覇市牧志
撮影：2018年

ちとせ商店街ビルの1階で、年季の入ったテント看板に昔ながらの大衆食堂の風格がただよう。入口はドアがピッタリ閉じていて初めて入る時には勇気がいったのを覚えている。地元の常連だけでなく観光客も多く訪れていた。店名のミルクの由来は牛乳なのか神様なのか…昔からやっぱり気になる。

見上げれば白い壁面に美しい立体看板

新田家具店

新田家具店
Furniture Store

那覇市牧志
撮影：2021年

インテリア全般の商品が並ぶ古き良き昭和の家具屋。貫禄のある立体文字に、隙間なく張られた白い板壁と屋根が美しくて蔵のような佇まいを感じた。建物の前でしばらく見上げていたかったが、すっかり怪しい人になりかねないので遠くからそっと見た（ますます怪しい）。

はんや

3文字ですべてが伝わる

津山印房

Hanko (Name Stamp) Shop

那覇市牧志
撮影：2021年

「たばこ」「めがね」「ち」「ゆ」…大きく
書かれた平仮名だけでシンプルに伝わるメッ
セージがある。「はんや」もまたしかり。街
の風景の中で遠くからでもパッと目につくの
がいい。太平通りにある印鑑屋の店先に置い
てあった大量の認印の束はなかなかのインパ
クトだ。

椿 食 堂 の お も い で

MEMORIES OF TSUBAKI Restaurant

90年代前半、通っていた沖縄県立芸術大学の徒歩圏内には行きつけの老舗食堂がいくつかあった。以前、琉球大学が首里にあった頃から学生たちに長年愛され続けてきた椿食堂もその一軒だ。500円あれば満腹になれる学生にはありがたいお値段で、今日はどこにしようかと友人と相談しながらお昼休みに出かけていた。店内で時々鉢合わせる教授たちにも人気の店だった。当蔵の坂道を降りると見えてくる椿食堂の佇まい。木造建築に青い網が張られた窓も昔はよく見かけた。

縦長の店内の右半分が厨房、左半分がテーブル席で奥の座敷席にはテレビも置いてあり、自宅のような茶の間感があふれていた。壁に並んだいろんなお品書き。安くて美味しい肉丼が特に好きだった。（※17年前の携帯画像なので画質が粗いのはお許しいただきたい）
那覇市首里当蔵
撮影：2005・2012年

子供の頃の予防接種がトラウマだった

那覇市役所

Naha City Hall

那覇市泉崎
撮影：2009年

実家にいた頃はお世話になった那覇市役所。子供の頃は予防接種に連れて来られてはドキドキする所だった。大人になり用事で訪れるようになってからは、案内板や階段、扉やトイレの蛇口に至るまで時を重ねた建物の質感をひそかに楽しんでいた。建替前に見学する機会があり、普段入れない会議室も撮影することができた。

スパゲティがパスタへと変わる大人の階段

あるでん亭
Italian Restaurant

那覇市泉崎
撮影：2018年

スパゲティミートソースとナポリタンしか知らな
かった私に黒船のようなパスタ旋風が訪れた。
元々はなみさとファッションビルの2階にあっ
て、移転後はパレットくもじの9階へ。初めて訪
れたのは移転後だったが、大人な客層と落ち着い
た雰囲気が好きだった。今も時々無性に食べたく
なるので沖縄からなくなったのが本当に寂しい。

市場にマチヤグヮー、友達の家もあった

若松公設市場
Wakamatsu Public Market

那覇市若狭
撮影：2010年

中学時代、部活が終わって友人と「帰りにちょい
と一杯」のノリで50円のシャーベットや駄菓子
を買いに立ち寄るマチヤグヮーがあった。他の部
活帰りの集団で日が暮れるまでワイワイ賑やか。
隣のサーターアンダギー屋は大人になっても時々
買いに来るほど絶品だった。市営住宅や公設市場
も大事な記憶の風景になっている。

仏壇通りで異彩を放つ店頭のインパクト

大城テレビ修理店

Oshiro Repair Shop

那覇市樋川
撮影：2012年

壁のいたる所に店の電話番号が直書きされ、カラ
フルな電飾がぶら下がり、分解された洗濯槽やテ
レビは植木鉢に、極めつけは電気じかけでぐるぐ
る回るマネキンの首…！渋滞する仏壇通りで車内
からその建物を見かけた時に思わずデジカメの
シャッターを押した。この辺りはあまり歩く機会
がなかったが一度は訪れてみたかった。

手書き文字の看板もかわいい、セメント瓦の美容室

みのり美容室

MINORI Beauty Salon

那覇市松川
撮影：2020年

瓦屋根の美容室は沖縄らしい風景の一つだと思う。パーマや髪を切りつつ常連さんや美容師さん同士で近況をおしゃべりしながら、いつの間にか長居してしまうようなアットホームさがある。…と言っても実際に利用したことはなくて、密かに憧れている場所である。

シーサーが見守る街のバーバーショップ

山城理容館

YAMASHIRO Barber Shop

那覇市前島
撮影：2019・2020年

看板に描かれたサインポールと英語表記がバラ
ンス良く配置され、入口のガラス戸に直書きさ
れた店名も洒落た雰囲気の山城理容館。白く塗
られた木枠の引き戸も懐かしい味わい。「理容
ナイル」（26ページ掲載）でもガラスが塗りつ
ぶされていたが、山城理容館も同様。古い理容
館で共通していたのだろうか。

第二章　中部編

普天間交差点を過ぎて沖縄市方面へ車を走らせると、基地の風景とともに英字の看板が目に入ってくる。プラザハウスからゴヤ十字路に続く古いコンクリートの建物も、シャッターは降りているが当時の看板の店名をうっすら残して存在感を放っている。園田の懐かしい家並みと中の町の社交街のスナックが並ぶ路地から、当時のネオンや看板の残る空港通りを通って市場と商店街を歩けば、タイムスリップしたような感覚になるのも楽しい。さらにうるま市に入ると、町の雰囲気がちょっと変わる。看板はますますフリーダムさを増して、お宝級の面白い看板を次々と発見できた。ウワサに聞いていた、ショップのことを「シャーブ」と表記する看板を 20 年前に初めて見た時の感動を忘れない。

うるま市平良川、2004年

青空に映えるネオン看板がフォトジェニック

ホテルライカム

Hotel Rycom

北中城村
撮影：2022年

高速を南向けに走ると、トンネルの手前左方向に見えるホテルライカムのネオン看板。高台に上る途中に入口があり、近づいてみると想像していたよりすごく大きな建物だった。ネオン看板を下から見上げたアングルで撮ると、ヤシの濃い緑色から突き出た赤色の建物のコントラストが青い空によく映えていた。

あの頃は遊園地もありました

沖縄こどもの国・観覧車
Ferris wheel,Okinawa Zoo & Museum

沖縄市

沖縄にはなぜ遊園地がなくなってしまったんだろう。デパートの屋上にもあったはずなのに。子どもの頃、連れて行ってもらった遠い記憶は8ミリフィルムみたいにおぼろげだ。1999年までは遊園地も併設されていた沖縄こどもの国のカラフルな観覧車が懐かしい。錆びたジェットコースターはある意味スリリングだった。

多くの人々に愛され続けた定食屋

定食丸仲

MARUNAKA Cheap Restaurant

沖縄市
撮影：2020・2021年

いつか食べに行こうと思っていたらまさか
の閉店が悔やまれる。シャッターの張り紙
の余白に書かれたたくさんのメッセージ
に、店と店主の作る味が長年愛されてきた
ことが伝わる。英字も並ぶ看板は基地の近
くならでは。片側の看板にあった英字の
「HORSDOEUVRE」が気になって調べると
「オードブル」のことだった。

竜宮城の入口だったかもしれない

社交街

スナック	スナック	カフェー	カフェー	サロン	サロン	サロン
てぃご	寿	梨花	幸	いつか	北海	なごしみ
サロン一番				サロン夜光花		

社交街入口

Entrance gate

沖縄市
撮影：2022年

写真で見たことはあったけど、思いがけず目の前に現れた時は「ここにあったか！」と足がすくんだ。赤瓦屋根をあしらったゲートの奥にはスナックやカフェー（←カフェとは違う）が集合住宅のように連なった珍しいスタイル。華やかなお姉さんたちが待っていたその場所は、まさに竜宮城のようであっただろう。はたまた現世と異世界への境目か。

気品ただよう古き良き中華料理店のおもむき

月苑飯店

Plaza House Chinese Restaurant

沖縄市
撮影：2021年

オレンジ色のタイル壁と店名の立体文字に銘
店の風格を感じる。敷居が高い印象を持って
いたが、会食で訪れた時に店内の雰囲気に親
しみと懐かしさを感じた。プラザハウスの歴
史と共に幅広い年齢に愛され続けている。

創業50年の街のステーキ屋さん

ステーキハウス四季

Steak House SHIKI（Four Seasons）

沖縄市

正面のネオン看板は2016年に取り付けられたものだそうだが、以前のデザインよりもシンプルになって老舗の雰囲気が増した。左側面のネオン看板から流れ出て壁についたサビもいい。創業時からの縦型の三角看板は老朽化のため2021年に取り外されてしまい撮影が間に合わなかったのは心残り。ここで一句、「いつまでも　あると思うな　古看板」。

渋みのある立体英文字看板のさびれ具合

空港通りのファザード

Gate Street

沖縄市
撮影：2022年

空港通りに今も残る英文字の立体看板たち。
（上）部分的に文字が取れているが、かろうじて
「SEIKO WATCH」と読める。時計店かと思ったら
テント看板の横に質屋のマーク。（下左）今では少
なくなった縦型の三角看板は、台風にも耐えられる
造りなのだそう。（下右）3つの丸窓とらせん階段
からのアーチ型のゲートが小粋。

消 え た 映 画 館 た ち
OKINAWAN PHANTOM THEATERS

"この町にこの映画館あり"というほど街の映画館はなじみ深い風景だった。時代の流れと共に惜しまれつつ閉館後に取り壊されたり、しばらく廃墟化している場所もあった。（上左）沖縄市山里の島袋琉映館。直書きの下に並んだペプシロゴと、看板右には縦型看板を取り外した跡が残る。（上右）取り壊される直前の 2016 年に撮影したもの。元々の配色に近い色で塗り直されていたが直書きの文字はなくなっていた。（中右）うるま市安慶名の映画館跡。2004 年頃から周辺が開発され、この建物だけが更地の中に最後まで残っていた風景が印象に残る。

（下左）2006 年、取り壊される国映館。（下右）2015 年にイベントで訪れた沖縄市のコザ琉映。劇場に入るドアと階段の向こうに座席の背が見える。

個性的すぎて入ってみたい衝動にかられる

ラビットビル

Rabbit Building

沖縄市
撮影：2022年

ミントグリーンと赤の斬新な配色と、建物にあけられた丸い穴の不揃いさに驚く。ナメクジのような曲線でくり抜かれた階段側の壁。あの屋上部分は一体どうなってんだ。そしてなぜラビット？こうなってくると部屋の形状まで気になってしょうがない。その中で控えめな玄関の花ブロック使いのセンスも完璧である。

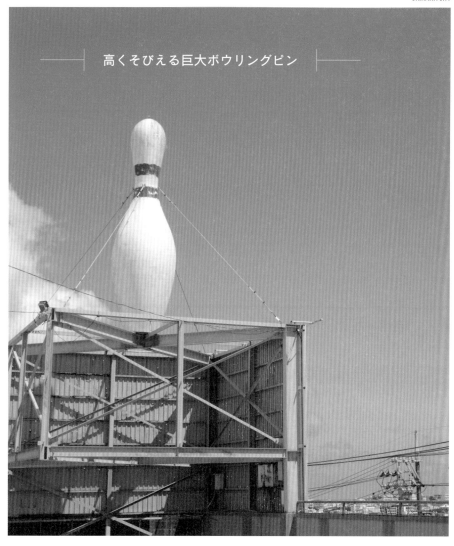

高くそびえる巨大ボウリングピン

コザボウリングセンター

Koza Bowling Center

沖縄市
撮影：2022年

小高い場所に建つコザボウリングセンターで、晴れの日も雨の日もコザの街を見渡すように立つ巨大なボウリングピン。風景の中で建物の間からひょっこり顔を出している時は気づかないが、近づいてみると改めてその大きさに驚く。街のボウリング場もまた年々減っていく気がする。この風景もいつかは貴重なものになっていくのか。

ひっそりと静かな佇まいの珈琲店

コーヒーハウス響

HIBIKI Coffee House

沖縄市
撮影：2020 年

初めて訪れたのは2020年。週末にオープンするこの珈琲店で開催された知人の展示会だった。時を重ねてきたコンクリート建築の硬派な佇まいが印象的で、店内の大きなスピーカーから流れる音楽に浸りながらゆったりしたカウンターで美味しい珈琲を飲んだ。唯一無二なこの雰囲気、いつまでもこの場所で残っていてほしい。

RUSTY THINGS

錆びていくものたち

沖縄の湿度の高い空気の中で静かに錆びていくものたち。赤茶色に変色しボロボロと剥がれたカケラを落としながら、ずっとその場所で余生を過ごしている。経年と共に存在感の大きさと魅力を増して、いつかは無くなっていくかもしれない、朽ちていく姿に美しさすら感じてしまう。

（上）免許更新時に駐車場のかたわらに見つけた古い焼却炉。沖縄市にて。

（下左）琉球大学構内の芝生にヒョッコリたたずむ消火栓にも歴史の重なりを感じる。西原町にて。

（下右）木造の民家で使われていたぐるぐる巻きの鉄製の鍵。どこで発明されたのか、あらためて見ると素晴らしいプロダクトデザインだ。うるま市にて。

当時の看板が今も鮮やかに残るアーケード商店街

一番街

Shopping Arcade

沖縄市

「見る街、買う街、憩いの街」でおなじみ、一番街の
アーケード。みやぎストアの看板と並ぶ食品ロゴのオ
ンパレードは圧巻。アーケード内にあって天候の影響
を受けにくいせいか、立体文字や直書き文字がほとん
ど良い状態なのが共通点。今は無きハンバーガー屋
「ビクモン」の店頭にあった巨大コーラも懐かしい。

ポップな宇宙船があらわれた

一番街アーケード

Shopping Arcade

沖縄市
撮影：2008 年

那覇のアーチ型のアーケードとは違った平たいタイプ。
一番街の交差点部分を見上げると、ドーンと現れる宇宙
船のようなデザインが印象的。7月には七夕まつりが開
催されていて、巨大な七夕飾りもなかなかの迫力だった。

宝飾店、レストラン、ショーパブ、アパレル
ショップ、ししゅう店、手芸店など豊富なジャン
ルの店が立ち並び、ウインドウショッピングも楽
しかったパークアベニュー。見上げると建物の形
もそれぞれに個性的だ。近年は建物や歩道のアー
ケードが取り壊されて見慣れた風景が消えていく
のが寂しい。（撮影：2021年）

ゴヤ中央市場
Goya Central Market

沖縄市
撮影：2021年

市場内はシャッターが降りていたり、サッシが閉じた
ままの店舗跡らしき場所も。ちょうちんが下がってい
るので、夜は酒場がオープンするのかもしれない。薄
暗い奥をすすむと2階への階段があり、市場の共用ト
イレがあった。昔は肉や魚を求める人で賑わっていた
のだろう。てんぷら屋の看板が味わい深い。

青いタイル張りと鉄格子がモダン

ルーブルホテル

Louvre Hotel

沖縄市
撮影：2022年

まさに「出くわす」といった感じで中の町の路地を歩いていたら現れたホテル。いつ頃から閉まっていたのか、荒れた感じはなくひっそりと時が止まったような佇まいだった。花ブロックの塀に囲まれたタイル張りの外観と、窓の鉄柵のセンスの良さ。現役時代のネオンの灯りやフロントの内装もぜひ見たかった。

GATES

古いゲート

社交街と商店街の入口にゲートあり。アーチの向こうに続く看板風景がいざなう。（上左）沖縄市、中の町社交街のゲートにはスナック看板がずらりと。（上右・下右）うるま市石川社交街は通りごとに花の名前がついていた。お酒やコーラのロゴマークが入るのも社交街ゲートの特徴。（下左）名護市の市場商店街のキャッチコピーは「ママが選んだ買いよいお店」。

（上）国際通りの牧志交番の角を曲がった竜宮通りの風景（2016年）。歯科や整骨の看板の重なる風景がつげ義春の漫画っ
ぽい。（下左・中央）嘉手納町のスナック看板。アーチのレンガとテント地の個性的なゲート。（下右）名護市辺野古の
ちょっと奥行きのあるゲート。

さまざまな有名人が訪れたレストラン

レストラン平安
Restaurant HEIAN

うるま市
撮影：2021 年

海中道路の先、平安座島にあるホテルの
一階にあるレストラン平安。壁には当時
沖縄ロケでやってきた有名人との記念写
真がたくさん飾られていた。華やかな
カーペットが敷かれた半円型のフロント
もノスタルジックな雰囲気。柱の影にイ
ンベーダーゲームのテーブルが置いて
あった。（ここで出会えるとは！）

ツートーンのひさしがアクセント

宮城理容館

MIYAGI Barber Shop

うるま市
撮影：2021年

直書き看板の文字がちょっと両端下がりになっ
ているバランスが絶妙で、ひさし部分の黄色と
深緑色のツートーンもアクセントになってい
る。ガラス戸に書かれたメニューが懐かしい。
柵の隙間から視線を感じたのは、窓に貼られた
男性グラビアモデルだった。

メリーゴーランドのようなゴージャスさが素敵

カラオケパブナウ

Karaoke Pub NOW

うるま市

きらびやかな装飾が周囲に取り付けられたファザード、まるでメリーゴーランドのような佇まいが街の風景の中で存在感を放っている。クルンとするにもほどがある筆記体の英字も見れば見るほど独特だ。看板部分が少し曲線的になっている造りにもこだわりを感じた。カラオケが1曲100円だった時代も今は懐かしい。

ガレージのような佇まいの小鳥店

栄小鳥店
Bird Shop

うるま市
撮影：2018年

その外観に思わず車をUターンさせて撮りに戻った小鳥店。コンクリート平屋で大きな鉄の扉は（偏見かもしれないが）小鳥店らしからぬガレージのような佇まい。明朝体の店名がスタンプで押したようにあまりに淡々としているので、鳥のイラストだけが消えてしまったのかと思った。ひさし屋根の錆びた鉄骨が残され、扉の向こうの店内はどうなっていたのか当時の様子を妄想せずにはいられない。

つたに覆われたネオン看板が絵になる

レストラン跡地

Ruins of Restaurant

うるま市
撮影：2021年

ネオン看板にはレストランの英文字。最後のTは取れてしまったようだ。左側の空いたスペースが気になって2010年のストリートビューを確認したら、BLUE RIBBONとうっっすら読める文字を確認できた（なんて便利な機能！）。さらに検索すると、沖縄市の某店でその部分にそっくりなネオン文字が飾られている写真を発見。単なる偶然か関連があるのか、いつか確認してみたい。

ヤシが似合う昔ながらのホテル外観

ホテルハーバー
Hotel Harbor

うるま市
撮影：2021年

老舗ホテルの風景にはヤシの木がよく似合う。ここ数年できれいに塗り直されて紺と白のさわやかな雰囲気に変わった。正面入口では石造りのかわいいシーサーたちが出迎えてくれる。柱が屋根を支えているようなデザインと突き出た窓枠も懐かしい雰囲気だ。

曲線のくり抜きが印象的なデザイン

KEYSTONE

CLASSIC MOTORCYCLE
SALES & SERVICE

BSA · AJS · TRIUMPH · NORTON · BMW

キーストン

Keystone Building

北谷町
撮影：2022年

うっすらと読める「2F 宴会場 PARTY ROOM」「レ
ストラン」は以前の店舗の残り香。その後は「KEY
STONE」というクラシックバイクを扱う店に変わっ
たことが直書き文字から見えてくる 建物の裏側に
も日本語で「キーストン バイク販売修理」とあっ
た。ロゴのように配置された地球儀とリボン枠のよ
うな表現も独特で興味深い。

ペットショップの博物館のような歴史ある店内

錦鯉·金魚·熱帯魚·海水魚·小鳥·その他器具一切　SUNABE SUIEN
砂 辺 水 園
TEL 933-5060·5973

砂辺水園

Sunabe Petshop

北谷町
撮影：2022年

看板に描かれているイラストのオウムの長さに合わせた半円の出っぱりがいい。鳥と魚の飼育用品にたくさんの水槽と鳥かごが並び、子供の頃に見た昭和のペットショップの雰囲気漂う店内に感動。裏口を出ると鯉の水槽もあった。奥の建物の屋根に見える犬型のオブジェが気になって調べてみると、以前は隣にペット専門のサロンがあったそう。

58号で大きな存在感を放つ老舗ホテル

ASIA HOTEL

アジアホテル

Asia Hotel

北谷町
撮影：2022年

角丸の枠が並ぶ個性的なファザード。窓の下は傾斜になっており、間の室外機が置いてある部分を下から見ると2階と3階との間の壁に隙間のある凝ったデザインだった。縦長のサッシ窓は4つの鍵がついた珍しい形。閉店してからかなり時が経っていて、入口の自動ドアや壁の落書きが痛々しい。

一歩入ればスナック街のラビリンス

サロン
和美
Kazumi

嘉手納の社交街
Kadena's Nightlife District

嘉手納町
撮影：2022年

スナック看板が並ぶ通り沿いを一歩入ると、さらに奥へ建物が伸びていて、そこにもスナック看板が点在するさながらラビリンスのような嘉手納の社交街の風景。隣りどうし建ち並んだ集合住宅もかなり年季の色がにじみ出て、路地の隙間から見上げたアングルにもずっしりと迫力があった。

年季の入った看板が伝える靴屋の歴史

上運天靴店

Kamiunten Shoe Store

嘉手納町
撮影：2022年

今ではあまり見ないヒト桁局番と電話マーク、古い味わいのある書体にグッとくる。歴史の風合いを感じる板壁と柱の造りに、カスタマイズされてきたテント地のひさしや蛍光灯、シャッターボックス。様々なリフォームを重ねてきたのだろう。店頭にあるワゴン売りのサンダルも懐かしい。

最高に密度の濃い老舗薬局

やまびこ薬局

Yamabiko Pharmacy

読谷村
撮影：2022年

所狭しと張り出された店頭の歴代ポップた
ち。店内に飾られた表彰状に健康関連本、手
書きの標語ポスター、商品パッケージのリ
ピート貼り…膨大な情報量の中に商品を探し
てしまうほど濃厚でカオスな空間が広がる。
薬剤師の山内昌彦さんは80代と思えぬ若々
しさと姿勢の良さで、ご自身が長年研究され
てきた健康理論をクイズを交えて楽しく説明
いただいた。まさに健康のパラダイス！不摂
生の日々を送る自分を反省した。

（上左）ネオン文字と回るミラーボール。鏡ばりの天井…ディスコじゃなくてもテンションが高まる。（上右）一歩入ればやまびこの世界。笑顔でいざなうピョンちゃんの手には「ようこそやまびこへ」。（下左）あえてぼかさず載せた強壮薬コーナー。魔改造されたミラーボールと赤べこに乗った人形も見どころ盛りだくさん。（下右）店頭のショーウィンドウもびっしり。時代を重ねた標語看板やホーローの広告は博物館級。

OLD BLOCKS

古いブロック

沖縄の風景に必ずと言っていいほど見かける花ブロック。壁のように全面で使うと外からの目かくしにもなるし、塀の上にアクセントで一列並べてあるのもいい。左下は花ブロックではないが、枝をデザインしたようなモダンな柵が周りの緑となじんでとても素敵だった。どちらも風通しの良いところが沖縄の気候と街の景色に合っていると思う。

塀に埋め込まれた花ブロック。ずらした置き方が青海波のようにも見える。単なるアクセントなのか、はたまた家の中から花ブロック越しに通りが見えるように作られたのか。セメント瓦と赤瓦の両方使いも面白く、屋根のシーサーと相まってなんとも味わい深い風景になっている。

花ブロックまで床屋仕様にカスタマイズ

みのる理容館

MINORU Barber Shop

読谷村
撮影：2022年

ガラス戸に直書きされた文字と青いアーチが
かわいい。おなじみ赤白青のストライプの表
現は理容館ごとに見せ方の工夫があって面白
い。バス停の屋根のストライプまで理容館の
一部のような風景。干し場のある屋上にはた
くさんのタオルが風にたなびくのだろうか。

和風な門構えと大きな木造建築の迫力

吉野
Yoshino

宜野湾市
撮影：2022年

L字型の大きな木造建築が旅館のような印象だった
が、実際はどんな建物なのかは不明。玄関口には「吉
野」の文字の跡が残る。壁に何か取り付けられていた
ようなコンクリート製の門と屋根の中央にある唐破風
のような形。こういうスタイルは他にもあるのだろう
か。どなたか詳しい方に教えていただきたい。

三角食堂

Cheap Restaurant

———————

宜野湾市
撮影：2021・2022年

復帰前の1965年に創業した三角食堂。店の前の桜の木が
季節ごとの表情を見せる。（右ページ上）奥の座敷まで
ゆったりした店内。千客萬来の額縁が懐かしい。（同下
左）扉を開けると呼び鈴が鳴る仕組み。スイッチやコンセ
ントも古いタイプ。（同下右）長年使い込まれた椅子やコン
クリートの床の質感にも年季が入っている。三叉路の特
性を活かして入口が2ヶ所にあるのも面白い。

建物とイメージを合わせたデザイン文字が秀逸

回生堂薬局

Kaiseidou Pharmacy

宜野湾市
撮影：2021年

普天間の商店街にある個性的な2階建て。角のアールが素敵な建物のデザインは店名の直書き文字の書体のイメージと重なる。現在は倉庫として使われているが、こだわりのある外観が魅力的なので、薬局だった当時の店頭も見てみたかった。

個性的なスナックビル

サンロードビル

SunRoad Building

宜野湾市
撮影：2022年

大きなネオン看板が特徴のスナックビル。並んだ看板の名前を見ているだけでも楽しい。右側の階段部分の屋根の付け方や踊り場のちょっとした花ブロック使いにも味わいがある。まるで映画館のような印象を感じたのは、この建物の個性的な外観がそうさせるのだろうか。

飴色の時が流れる喫茶店

ぶどうの木

Coffee Shop

浦添市
撮影：2018年

ブーゲンビレアのアーチをくぐると、入口の壁に
「SINCE 1983」の文字。店内は洋館のようなクラ
シカルな雰囲気で、椅子やテーブルにもドッシリ
とした風格がある。窓からの自然光とランプの灯
りも程よく明るく、居心地の良さに時間を忘れて
のんびり過ごしたくなる。自家焙煎の珈琲とグラ
タンメニューも絶品！

SINCE 1983

パチンコサンシャイン

Neon Sign of Pachinko Parlor

浦添市
撮影：2022年

巨大モニタやLED電飾で派手に演出したパチンコ
店が近年主流になったが、眩しすぎて無粋な気も
する。昔ながらのネオンは程よい明るさで夜空を
彩り、繰り返し動くカラフルな光も今ではノスタ
ルジックな風景となった。このパチンコ店の看板
も片面はモニタ化されたので、58号を南下する
時だけ建物と看板の共演を楽しめる。

VINTAGE ITEMS

ビンテージグッズのある風景

懐かしいロゴマークやイラストグッズがある風景。昔の記憶を呼び起こしてくれるビンテージ品に出
会うと、幼馴なじみに再会したような喜び（と照れくささも？）がある。ゆっくり時を重ねながら、
ノスタルジックタウンで私たちとの出会いを待っているかもしれない。

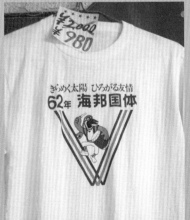

（上左）ブルーシールは昔のロゴが好きだった。（上右）首里劇場のコカ
コーラのビン置き場。（下左）与那原町の老舗金物屋「マルタ」で、破格
のお値段で販売されていた海邦国体Tシャツ。SNSで紹介したところ、翌日
「ゆうりきや〜」のゆうじさんが購入されたそう！（下右）沖縄市の上原商
店はビンテージグッズの宝庫。懐メロのレコードや古いラベルのお酒、年季
の入った教科書も並んでいる。

第三章　北部編

昭和の商店街の佇まいが残る名護市内に、まるで時が止まったような社交街のネオン看板と建物が今も残る辺野古と金武町。今は取り壊されてしまったレストラン、改築やリフォームで新たに生まれ変わった場所もあり、以前の姿は写真と記憶の風景でしか思い出すことができない。たまに車で北部へ向かうと、目的地に到着することに気を取られてしまい、市街地はついつい通り過ぎてしまいがちだが、途中で車を降りて寄り道しながら地元の食堂に入ったり、散策しながら街を楽しむ時間があるといいのかもしれない。

名護市辺野古、2022年

ネオンと電飾の跡に当時の賑わいを想う

ROBIN

ROBIN Military Uniform Shop

金武町
撮影：2022年

Cだけ残っているのはCLUBの頭文字だろうか。左右の女性と2羽の鳥のイラストも含めて面白いネオン看板。周りに電球がポツポツ残っているのも味わい深い。現役時代はきっとたくさんの客で賑わっていたはず。現在は、外の壁までずらりと下げられた払い下げ品の軍服が販売されている。

レストラントーミー

TOMI Restaurant

金武町
撮影：2017年

道の角に向かって船の先のように突き出た建
物の入口と曲線に沿った店名がパッと目を引
く。アルファベットの箱文字の丁寧な職人技
も見どころで、部分的に当時のネオン管が
残っていた。壁には日本語で「レストラン
トーミー」の文字が直書きされていた。

町の子どもたちはこの店と共に育った

金武文化堂

金武文化堂

Bookstore & Stationery Shop

金武町
撮影：2015年

「きんぶん」の愛称で親しまれ、金武町の老舗文具店として長い歴史を重ねてきた金武文化堂。書店も一緒になっていて放課後の子どもたちが寄り道するオアシスのような場所だった。この写真は以前の建物で現在は新しい建物にリニューアルされたが、壁のオレンジ色と右側の丸みのあるデザインは健在。

東海岸を一望する海のそばのレストラン

漢那ドライブインレストラン

KANNA Drive-in Restaurant

宜野座村
撮影：2018年

やんばるにドライブがてら立ち寄った方も多いであ
ろう、海が見える漢那ドライブインレストラン。以
前は2階に漢那荘という民宿もあったらしい。レス
トランが閉店した後は、一部がコーヒー店になった
り座敷や厨房などを利用したイベントや展覧会が行
われていた。建物は取り壊されて2020年、跡地に
コンビニがオープンした。

─ 赤瓦屋根の佇まいが美しい商店 ─

屋嘉比商店

YAKABI Store

名護市
撮影：2021年

赤瓦の2階建てにどっしり安定感のある商店の佇まいが美しいバランス。サッシ扉で店内がよく見えて、すっきりした印象になっている。右側のモザイクタイルもアート作品のようだ。テント地の看板で隠れているが、建物の壁には「つり具」と書かれていて、元々は直書き看板があったことが想像できる。

キタボウリングセンター

Kita Bowling Center

名護市
撮影：2021年

本土復帰の1972年にオープンし、2021年7月に惜
しまれながら閉店したキタボウリングセンター。
大きな文字のネオン看板は近づいてみると結構迫
力がある。以前は2階のピンク色の壁も1階と同
じタイル壁だったそう。「北」をあしらったロゴ
マークもかっこよくて、キャラクターのボールの
持ち方にもこだわりと愛を感じた。

巨大ペンケースを彷彿

ルルのとなり

Old Building

名護市
撮影：2021年

アーチ型の窓や窓枠の角丸など、店舗建築のデザインもバラエティ豊富で楽しい。この建物もまた並々ならぬこだわりを感じた。細いアーチ状になった11本の溝は、窓枠も含めてまるで巨大な仕切りケースのようでペンや消しゴムを置いてみたい妄想に駆られた。上と下で青と緑の渋いツートーンになっているのも洒落ている。

カッティングシートで筆文字

食事の店　和

Restaurant

名護市
撮影：2021年

ドアのガラスにバーンと貼られた蛍光色のカッティングシートのインパクト。気さくな雰囲気の筆文字にフラリと店に入りたくなる。あいにくこの日は定休日だったが、地元の方も太鼓判を押す店なので次回は営業日をチェックしてお昼時に合わせて訪れたい。ドアのところにぶら下がった魔除けのスイジガイも沖縄ならではの風景。

個性的な社交街の跡が今も残る

辺野古のスナック跡

HENOKO Entertainment District

名護市
撮影：2008年

個性的な手書き看板や建物が並び、英字の店名があちこ
ちに躍っていた辺野古社交街の風景。14年経った今は
どうなっているだろう。（上）トランプの絵が印象的な
「KING」。入口の格子模様のタイルもいい。（下左）
ネーミングに懐かしさを感じる「スナックカモメ」は書
体もイカす。（下右）この看板のデザイン！こんな面白
いカタチ誰が思いつくのか。

あの頃の町の本屋さんの風景がここに

ひかり書店

Bookstore HIKARI

名護市
撮影：2021年

子どもの頃よく見かけた "まちの本屋さん" の佇まいに
心躍る。錆びた質感も懐かしいスチール什器が入口に置
かれ、たくさんの雑誌が並べられていた。(何年前のも
のかわからない色褪せてめくれ上がった大衆誌も気に
なったが)
直書き看板は最近きれいに直されたそうで、直前のノス
タルジックな雰囲気を撮っておくことができた。

漁港のそばの鮮魚店

儀間鮮魚店
GIMA Fish Market

本部町

たくさんの鮮魚店が並んだ、本部漁港に近い市場ならではの風景。魚や肉を扱う専門店には入口に冷蔵の大きな陳列ケースがあり、店の人に取ってもらう「相対売り」が定番だった。新鮮な魚を材料にした隣のかまぼこ店も合わせて立ち寄りたい。市場で70年親しまれてきた儀間鮮魚店は2021年に長い歴史を閉じた。

OLD GLASS

レトロなガラス模様など

MY
FAVORITE
THINGS

昭和の家電や鍋に花柄があしらわれていたように、古いガラスやトタン、アーケードの屋根にまで装飾が施され、シンプルなガラスにも派手な柄模様のステッカーが全面に貼られていた。ザラザラした手ざわり感が懐かしい立体模様のガラスは「型板ガラス」といって、今ではかなり貴重な存在なのだそう。外の光を美しく取り込んでくれたり、目隠しとしての役割もあったりしたかもしれない。

（前ページ左から順に）古民家の沖縄そば屋（中城村）／アーケードの交差点部分を見上げる（沖縄市）／周辺の飲み屋の灯りが照らす小料理の2階（那覇市）／めずらしい花柄トタン屋根のえびす通り（那覇市）／国の登録有形文化財「美里村屋（んざとぅむらやー）」にある収納棚（沖縄市）／葉っぱのような連結模様が角度で変化する。ネジ締めタイプのカギまで懐かしい（那覇市）

第四章　南部・離島編

南部・離島編では糸満、与那原町、南城市、そこから海を越えて宮古島のノスタルジックな風景を紹介する。それぞれに海の近くで潮風にさらされながらも、いい風合いで時を重ねている建物や看板をたくさん見かけた。

糸満市の市場周辺は久々に訪れると新しい建物に建て替わっていたが、周辺には年季の入った建物や直書き看板もまだまだ多く健在だった。与那原町から南城市へ進む通り沿いを車で走ると、いきなり味わい深い風景が現れて思わずUターンすることも。子供の頃は夏休みを祖母の家で過ごした宮古島は、子供心に「いつからあるんだろう？」と驚くようなビンテージ級の魅力的な場所がたくさん残っていて、もしかして戦前からあったのではと思うような佇まいの金物屋もあったし、旧市立図書館の赤い壁も印象に残っている。

糸満市、2022年

今にも動き出しそうな畳工場

糸満のたたみ店跡

Ruins of Tatami Mats Shop

糸満市
撮影：2022年

通りの角で出会った大きな存在感を放つ2階建てのコンクリート建築。周りの風景の中でより一層ただならぬ雰囲気がただよっていた…ほとんどの壁は重い板でびったり閉ざされていたが、そのうちの1箇所の戸だけが（奇跡的に）開けてあり内部を見ることができた。

建物の横にまわると、糸が掛けられたままの
機械が現れてその重厚感に一瞬たじろぐ。つ
いさっきまで作業をしていた状態で時が止
まったかのよう。床には畳の縁に使う布が無
造作に落ち、外に向かって置かれたイスも休
憩のために思えてくる。普段開けていること
は少ないそうなので、撮影時にたまたま中を
見ることができてよかった。

手書き看板類

Handwritten Signs

糸満市
撮影：2022年

糸満で見かけた直書き看板。七が3つ＝喜（キ）の草書体で、楷書だと「喜久寿し」。昔はよく使われていたそう。よく見ると竹のデザイン文字という面白さ。クルリと巻いた「寿」のアレンジ、つられて蛇のようになっている「し」もかわいい。「靴のウエジン」のクセのある字体、老舗感のある「上原食糧品店」、以前はファミリーショップだった「ペットショップ金城」など、少し散策するといろんな手書き看板を楽しめる。

今では珍しい全面トタンの建物

トゥータンヤー

Galvanized iron hut

糸満市
撮影：2022年

一見プレハブ住宅のような全面トタン張りの
2階建て。全てが波型な外観が独特で面白い
が、夏の日差しで高温にならないのか気に
なってしまう（勝手なイメージだが）。裏側
のドアから入る「スナック　青葉」と正面側
の「母ちゃんの味　青葉」は、もしかして中
で繋がっていたりするのだろうか。

トタン造りの２階部分につながる螺旋階段

勝冷凍

Frozen Food Store

糸満市
撮影：2022年

手書きの看板になんとも趣がある古い工場の
ようなたたずまい。看板をよく見てみると、
「魚」「貝類」「販売」の文字が読める。増築
らしき２階とらせん階段は看板との位置を見
ると後から取り付けられたようにも見える。

戦後すぐから続く金物店で沖縄の戦後史を知る

マルサ

MARUSA hardware store

与那原町
撮影：2022年

店内は昔ながらの金物屋の雰囲気で、食器や台所用品などが並ぶ。驚いたのは店の奥。博物館の展示室のようなコーナーがあって「車は左」の標識カバーや海邦国体のＴシャツなど、懐かしグッズや歴史を語る品々が陳列されているのである。壁に貼られた古い書類が気になり店主に聞いてみると、先代のお父様が持っていたＢ円時代の取引書類なのだそう！その頃の貴重なお話を聞くことができた。

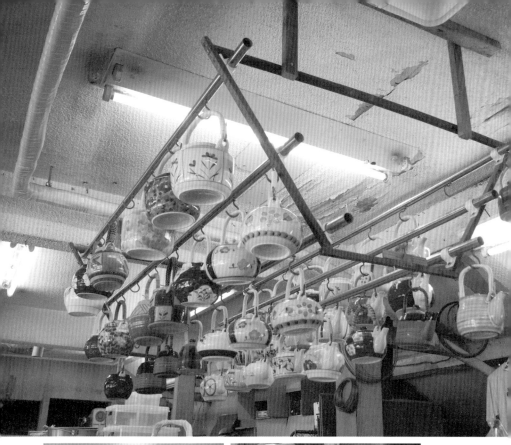

（上）まるで縁日の風鈴のようにぶら下げられた急須の見せ方も面白い。金物屋が扱う品々は今では百均でほとんど買えてしまうけど、それとは違う品質の良さがある。（下左）なんと初代のヤクルト。瓶に入っていたのは知らなかった！ナナメの英字もおしゃれ。（下右）店頭のワゴンになにげなく置いてあったが、どう見てもデッドストックの湯たんぽなのでは。

地面に埋まった壁の直書き文字

照喜名商店

Store

南城市
撮影：2022年

「照喜名商店」と「お米は赤いバラ印の　ナ
ンバーワン」と広告が書かれている壁。歩道
にめり込むように壁の直書き文字が途中で切
れていて、地盤沈下？と思ったが、別の角度
から見ると元の地面は低かったのがわかる。
アスファルトを盛り上げて歩道と車道を作っ
たのだろうか。入口の「雑貨」の「貨」は異
字体で昔はよく使われていたそう。

フラリと入ってみたくなる喫茶店

喫茶パープル

PURPLE Coffee Shop

南城市
撮影：2022年

屋上のタンクに書かれた「お食事　カラオケ」の色あせた直書き。アーチ型の窓枠に縁のレンガのあしらい、入口の三角屋根が印象的だ。立体看板を見ると今は喫茶店だけ営業しているらしい。「おいしい家庭料理」のキャッチコピーがついていると思わず入ってみたくなった。店名は「パ〜プル」なのに紫色は「パ」だけなところも面白い。

近づくほど隠れてしまう看板文字

山入端商店

Store

南城市
撮影：2022年

前ページの喫茶店とはまた違うアーチ窓。ファザード全体までアーチ型で上部がV字に空いているデザインにもこだわりを感じる。側面に書かれた「総合食品ストアー山入端」の文字にも年季が入っている。隣の建物はひさしで隠れているが、建物のカラーリングで理容店だとわかった。

商店看板

Store Signs

南城市・与那原町
撮影：2022年

日用雑貨など、扱っている商品が書かれた商店看板も年々減ってきた。子供の頃は歩いておつかいに行ける距離に近所の商店があったが、今はコンビニの方が多くなり、シャッターが降りたままの商店をよく見かけるように。

緑の中で静かに佇む画廊喫茶

画廊喫茶独楽

KOMA Gallery Cafe

南城市
撮影：2022年

どこかヨーロピアンな気配のクルンと踊るよ
うな文字が印象的。喫茶店らしからぬ玄関ド
アだが、そこは画廊喫茶というだけにきっと
隠れ家的な場所になっていて、店内にはたく
さんの作品が華やかに飾られていたのかもし
れない。

港が見える老舗旅館

波止場旅館

波止場旅館
HATOBA Ryokan（Japanese Inn）

宮古島
撮影：2022年

平良港を目の前に古くから親しまれてきた波止場旅館。シンプルな佇まいと、右側のひさしが少し長くなっているアシンメトリーな大らかさが味わい深い。経年で剥がれて傷んではいるが、木製の雨戸を収納するコンクリート製の戸袋も懐かしい。

マルマサ菓子店　市場前店

Marumasa Candy Store

宮古島

カラフルなテントのひさしとパラソル、青果の彩りと敷物のギンガムチェック、ぶら下がったバナナ。南国の雰囲気が詰まった宮古島の市場風景。現在は駐車場になっている。建物には「御菓子の総合スーパー　マルマサ市場前店」の文字と不二家のマーク、ペコちゃんも書かれていた。

マルマサ菓子店　本店

Marumasa Candy Store

宮古島
撮影：2022年

こちらは本店の建物。取引先のお
菓子メーカーのロゴやパッケージ
など、直書きされたたくさんの情
報量で大きな広告塔のようになっ
ていた。切り抜きで段差をつけて
配置したレモンティーのイラスト
も凝っている（隣にはチップス
ターのイラストがあったのだろ
う）。宮古島ではおなじみの「飲
む黒糖ドリンク　ミキ」の缶にも
このマルマサのロゴが入っていた
のを思い出した。

手書き文字がイカす島の美容室

ビューティサロンとよみ

ビューティーサロンとよみ

TOYOMI Beauty Salon

伊良部島
撮影：2022年

黄色とエメラルドグリーンの配色に直書き看板の文字がとにかくイカす。字と字の絶妙な空き具合、一文字一文字の肉付けの強弱。計算されていないからこそ、書道作品のようにこの文字の味わい深さを堪能している自分がいる。

タイル地のアーチ窓の重なりが印象的

菊栄食堂

Cheap Restaurant

宮古島
撮影：2022年

2階部分の窓を目かくしするように、アーチ型にくり抜いたタイル地の壁が個性的。左隣の菊栄旅館と連なっているようだ。平良港のターミナルの前という便利な場所で、主に船で行き来していた時代にはたくさんの観光客が訪れていたことだろう。

歴代の手書き文字が重なる

とみや商会

TOMIYA Wholesaler

宮古島
撮影：2022年

大きく奥行きのある建物が立ち並び、港から出てこの建物が見えると「宮古島に来た」という気持ちになった。母が若かりし頃からこの建物があったそうで、調べると1960年代に建てられたらしい。何度も重ねて書かれた社名が長い歴史の経過をあらわしている。

──── 島の風景になじむ手書き看板 ────

なかま理容館

NAKAMA Barber Shop

伊良部島
撮影：2017年

鮮やかな青色の壁が印象的で、ガラス窓に貼
られた海邦国体のステッカーにも時代を感じ
る。角丸のひさしの先についているコンク
リートの出っぱりは何だろう。よく見ると看
板の右上あたり、ちょこんとミニサイズの石
敢当が置いてあった。

OLD-STYLE MACHINES

あの頃のスイッチとボタン

風景の中にあるスイッチやボタンもまたノスタルジックなアイテムだ。アナログな調整で動かすゲーム機のレバーや音楽機器のツマミの触感、上下や左右にカチッと切り替えるスイッチを指で押す感覚も、もはや遠い記憶になりつつある。並べてみると、オープンリールが顔に見えてキャラクターっぽい。

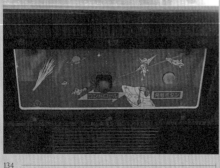

（上左）現役時代は学校帰りの小中学生で賑わっただろう、ゲーム機。那覇市若松公設市場内。（上右）場所は忘れたが90年代半ばにはこんな粗大ゴミもあった。（勿体無い…！）（中左）議会室のマイクのスイッチ。旧那覇市役所。（中右）喫茶スワンの壁の懐かしいスイッチ。（下）レストラン平安のロビーに置いてあったゲーム機。当時は宿泊客が楽しんでいたかも。うるま市。

第五章　素敵な看板の世界

立体文字、直書き、イラストやロゴ入りなど…店の顔でもある看板には店主の愛が詰まっている。なぜこの店名に？と気になるスナック看板もきっと胸熱な由来があるのだろう。個人的には直書き看板で時々見られる店舗の変遷を見つけるのが好きだ。最初の店名を塗りつぶして新たな店名に書き換え、隠されていた店名が経年で風化して二層や三層と全て丸見えになるところがなんとも言えない切なさと味わいを感じる。切ないといえば、台風の後で一部剥がれたり文字が飛ばされた立体看板もなんだか切ない。

そのままの
君でいて

文字が年月の風化で浮かび上がり、色あせた立体文字と重なる直書きの味わい。

（上）ダイヤル電話のマークってかわいいよね。（下）薬局入口のガラス戸に所狭しと貼られた定番広告やキャラクター、ランダムに貼りまくったポスターはもはやコラージュアートの域。

（右ページ）書体の持つアナログ感に店舗の個性が際立つ。昆布やしいたけが描かれた大城乾物店の看板の愛らしさよ。

直書きの存在感に和む

（上）シンカイチヨコチョウと書かれたローマ字書体がポップ。宜野湾市。（下左）いろいろ気になる宝石教室。沖縄市。（下右）極太文字がかっこいい寝具専門店。BEDをペットと訳したのはご愛嬌。沖縄市。

（以下右ページ、上左）ドアに貼られた二大スタアのブロマイドの近くに書かれたタコの脱力感。歌ってるし（笑）。那覇市泊。（上右）58号沿いで存在感を放つ建物とフジカラーのロゴ。浦添市。（中左）2つの「Bar New Minato」を解読できた。沖縄市。（中右）水上店舗の屋上に書かれた「つくし園」のキャッチコピー。那覇市牧志。（下）太平通りで見かけた懐かしいタイプのペプシコーラのロゴ。那覇市。

文字を愛でる
直書き看板

（上）前島小学校（現・那覇小学校）の
裏のあった今は無き銭湯「松の湯」の
壁。取り壊される前までくっきりと立派
に残っていた文字。温泉マークも懐かし
い。那覇市。（下）食堂と書いて「みせ」
と読ませるセンスがいい。「ぼくの」の
部分はよく見ると直書きではなく切り文
字っぽい質感。どんなメニューがあった
のか気になる。糸満市。

（上左）うっかり通り過ぎそうな細い路地の奥にある美容室。沖縄市。（上右）今にもトコトコ動き出しそうな「巨人」のデザイン文字の完成度。読谷村。
（中左：沖縄市・中右：那覇市首里）ペプシロゴの書体も時代ごとに微妙に変化している。
（下左）店名だけでもホームラン級の美味しさを確信してしまう。那覇市松川。（下右）文字が途中で急に切り替わってどちらが最初の店名なのか困惑する。金武町。

個性が光る
スナック看板の世界

宮古島の「海（イン）ペラー」に普天間の「親心」、すぐ入学できる電飾付きの「大学」（嘉手納町）、与那原の「唄える店友びき」は映画のタイトル文字の趣き。鶴田一郎の絵を両面に大胆にあしらった沖縄市の「カラオケラウンジやっちん」、小指を立てたグラスで女性が誘う「ニュー女女」も入ってみたくなる。嘉手納町の「黒と赤」「赤と黒」、近い場所に存在するのは偶然なのか。同じく嘉手納町の「愛二人」と書いて「あいたい」と読ませるのもニクイ。沖縄市銀天街のウェイトレス募集看板に当時の賑わいを思う。

思い出の
細い路地

両側の建物に挟まれて「十和田」
「魔子」「おもろ」の看板が印象的
なこの路地には子供の頃の思い出が
ある。80年代当時、母の勤め先だっ
た国際ショッピングセンター（現・
てんぶす館）の裏口と希望ヶ丘公園
にショートカットができる抜け道と
してよく利用していた。いつからか
行き止まりになり右側の建物も取り
壊され、現在は左のトタンの建物だ
けが当時の様子を残している。

懐かしいロゴと
ほのぼのイラスト

（上）昔の東芝のロゴと、当時のテレビをイメージしたホーロー看板がかわいい。家電メーカーにはヒーロー的なキャラクターがそれぞれ存在していたような気がする。名護市辺野古。（下）こちらは昔の日立のロゴ入りシャッター。「ズケヤマテレビ」のデザイン文字のかっこ良さと、笑顔のうさぎが飛び跳ねるのんびりした雰囲気がいいバランス。うるま市安慶名。

（上）サンヨーは家族の風景。店舗シャッターの絵は家電メーカー特有なのか。名護市。（中左）みどり駐車場の壁にひっそり残るコンピュータ会社の広告看板。フロッピー時代のパソコンが懐かしすぎる。那覇市。（中右）初めての携帯電話がJ-PHONEだったので思い出深いロゴ。沖縄市。（下）ナ○ョナルと思いきや「ノーベル乾電池」という富士通乾電池の前身ブランドらしい。沖縄市。

BARBER's SIGNS

理容館＆美容室看板コレクション

懐かしい看板と出会う確率が高い理容館・美容室。（上左）喫茶店みたいなシャレた店先の「髪風船」。名護市。（中左）立体看板と直書きの2段仕様の「理容サロンでいご」。うるま市。（下左）一度見たら忘れない、フリースタイルな手書き看板。南城市。（上右）完璧な外観に思わず感動した「ケイコ美容室」。那覇市。（中右）理容館と隣接した「ピース美容室」。うるま市。（下右）美しい太明朝体の並びが印象的な「益寿美理容館」。糸満市。

OKINAWA NOSTALGIC TOWN

In the Place to be…

Machi Art

～ようこそマチアートの世界へ～

ゆるいキャラクター、シュールな壁画、フリーダムな看板表現、唯一無
二の造形物…誰が生み出したかその名も「マチアート」。思わず誰かに
教えたくなる、フッと笑顔になってしまう温かさがある。風化により存
在感を増すマチアートは、今日も思いがけない場所であなたが訪れるの
を静かに待っている。

MACHI ART

すべり台

のぼる前にぐるりと一周眺めてみたくなる、変わり種のす
べり台がそれぞれの公園でド級の存在感を放っていた。こ
れらのモチーフをすべり台にしようと考えた人は天才かも
しれない。子供の頃によく見たコンクリート製のすべり台
はどんどん消えて行ったけど、今もあのかたい滑り心地を
この場所で味わうことができる。

（左ページ）仲良く曲芸をする2匹のアシカすべり台。正面から見るとパカっとまっぷたつに分裂していてちょっとコワイ。沖縄市にて。（上）海のそばの公園なのでサザエ貝がモチーフだろうか。いろんなアプローチで上にのぼる楽しさがある。宜野座村にて。（下右左）塗り直されて青空に映えるタコ。近くでポツンとたたずむパンダも塗り直してほしい。うるま市にて。

Illustration 1

イラスト　その①

イラストが描かれた看板もまたノスタルジーな情景として
味わい深く、どれも一度見たら忘れられないインパクトが
ある。そのほとんどはこちらに視線を向けていて、私たち
に「おいでおいで」と呼びかけているのかもしれない。

居酒屋
蘭
クッキング
AM7:30〜　M10:00

（左）下描きなしの一発勝負で描かれ
た（としか思えない）本部町の観光地
で出会ったイラスト看板。（右）おす
ましコックさんの絵がかわいい居酒屋
蘭。（下）鬼が気になっていろいろわ
かりづらい。

わからない輪！　　のりかえよう!!　　わかる輪！

勉強
しない
わから
ない
たのし
くない
だから

勉強
する！
たのしい！
よく
わかる！
だから

（上左）ツバメ印のクールなデザイン。（上右）下から読んでも上から読んでも…なカラオケ屋。（中左）振り向きざまに痛さをアピール。（中右）風化具合がたまらん小鳥屋の看板も今はもうない。（下左）見返りクレープ美人。（下右）メニューが控えめアームさん。

MACHI ART

Illustration 2

イラスト　その②

マチアートを楽しむ旅は続く。普天満宮前の自転車店は建物自体もかなり年季が入っているが、あの大きな壁画はいつごろ描かれたものだろうか。近づいて見ると女性が白目で自転車を漕いでいた。ワクワクするキャッチコピーと共に、いつまでも存在していてほしい。

　（上）SF映画的な美容室の直書き看板。運転中に見かけて、一度通り過ぎたあと車をUターンさせた。　（中左）最後に金ちゃんも描いてほしかった。　（中右）金物屋の文字に立派な錦鯉が泳ぐように重なり、建物の歴史を知る。（下左）じわじわくる文字と犬の絵。　（下中）メガネ屋のマークが透明人間。　（下右）ヤンキー風のリーゼントがちゃんとデザイン文字になっていて素晴らしい。

MACHI ART

Relief & Sculpture

レリーフや彫刻など

彫刻やレリーフ、オブジェのような看板もまた長い年月を
経て風景にとけこみ、おなじみの日常風景になっている。
歩いていると遭遇するマチアートは、見上げた場所に多く、
派手さはないけどさりげなく自分の存在を主張しながらそ
こにある。

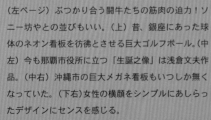

（左ページ）ぶつかり合う闘牛たちの筋肉の迫力！ソ
ニー坊やとの並びもいい。（上）昔、銀座にあった球
体のネオン看板を彷彿とさせる巨大ゴルフボール。（中
左）今も那覇市役所に立つ「生誕之像」は浅倉文夫作
品。（中右）沖縄市の巨大メガネ看板もいつしか無く
なっていた。（下右）女性の横顔をシンプルにあしらっ
たデザインにセンスを感じる。